Max fährt zu Oma und Opa

Eine Geschichte von Christian Tielmann
mit Bildern von Sabine Kraushaar

CARLSEN

Max und sein Bruder Felix dürfen am Wochenende zu ihren Großeltern fahren. Nur die beiden Geschwister – ganz allein. Das finden sie super.
„Pack deinen Hammer ein, Max!", ruft Felix. „Bei Oma und Opa gibt's immer was zu tun!"
Wie gut, dass Max einen großen Bruder hat. Seinen Hammer hätte er glatt vergessen. Er hat nur an seinen Schlafanzug, die Zahnbürste, seinen Kuschelhasen und natürlich an die Taschenlampe gedacht.
„Oma und Opa haben genug Hämmer in der Werkstatt", sagt Mama.
Aber Max und Felix sind sich einig: „Unsere sind besser!"
Mama seufzt. „Also gut. Nehmt sie mit. Aber reißt nicht das ganze Haus ab!"

Mama und Papa bringen Max und Felix zum Bahnhof. Opa wartet schon auf dem Bahns... Er ist extra mit dem Zug gekommen, um M... und Felix abzuholen.

„Hallo Männer!", sagt Opa fröhlich wie immer. Da kommt der Zug schon eingefahren. Opa, Max und Felix klettern in den Wagen und finden gleich drei freie Plätze. Der Schaffner pfeift und die Türen schließen sich.

„Viel Spaß und gute Fahrt, ihr drei!" Mama und Papa winken. „Bis Sonntag!"
In Max' Bauch kribbelt es vor Aufregung! Endlich darf er verreisen – mit Felix und Opa!

Die Fahrt mit dem Zug vergeht wie im Flug. Max und Felix haben kaum ihren Proviant aufgegessen, als sie auch schon die Jacken anziehen und aussteigen müssen.

„Wo ist Oma?", fragt Max. „Die wartet zu Hause", antwortet Opa.
Das Haus von Oma und Opa ist das schönste Haus, das Max kennt:
Es ist uralt und es gibt nicht nur einen großen Garten, sondern auch
eine Werkstatt und ein kleines Haus für die Hühner.

Max und Felix dürfen wie immer im kleinen Zimmer ganz oben unter dem Dach schlafen. Die beiden Betten haben früher Max' Mutter und ihrem Bruder, Onkel Micha, gehört.

Zum Mittagessen gibt es Spaghetti.

„Wollt ihr mir nach dem Essen helfen, die Küche zu streichen?", fragt Oma.

Die Tomatensoße hat nämlich ganz schöne Spritzer an den Wänden hinterlassen.

„Nö, wir wollen was hämmern", sagt Max.

„Wir können ja das alte Spielhaus von eurer Mutter herrichten", schlägt Opa vor.

„In der Werkstatt finden wir bestimmt alles, was wir dafür brauchen."

In ihrem Garten bauen Oma und Opa Gemüse und Obst an.
Die Hühner laufen frei auf der Wiese herum. Und unter dem alten
Apfelbaum steht das Spielhaus, in dem die Mama von Max und
Felix als Kind gespielt hat.
„Darin spiel ich garantiert nicht", sagt Felix. „Das ist ja rosa!
Das ist nur was für Mädchen." – „Oder für Hühner." Max kichert.

Max und Felix gehen lieber mit Opa in die Werkstatt.

MAUS ZEIT

RÄTSELN · MALEN · BASTELN · LESEN

i Max ist in seiner Familie der Kleinste, hat aber of die größten Ideen. Sein Lieblingskuscheltier ist ein weißer Hase und heißt Kuschel.

MALE DEIN LIEBLINGSTIER!

Zu seinem vierten Geburtstag bekommt Max ein schwarzes Kaninchen. Es heißt Zorro und ist das schnuckeligste Haustier der Welt, findet Max.

Sein großer Bruder Felix hat ein Meerschweinchen, das er Schweini nennt. Und welches Tier magst du am liebsten?

Max' beste Freundin Pauline

DAS BUCHSTABEN-VERSTECK

In Max' Zimmer haben sich 3 Buchstaben versteckt. Kannst du sie finden? Kreise sie ein.

Noch viel mehr Rätsel, Ausmalbilder und Basteltipps sowie Rezepte findest du unter

www.lesemaus.de

FÜR BLITZMERKER

Präge dir Max' Sachen gut ein. Nun klappe die Seite zu. Wie viele Gegenstände kannst du aufzählen?

Max trägt immer eine Taschenlampe wie diese bei sich. Findest du auf diesen beiden Seiten weitere? Wie viele Taschenlampen zählst du außer dieser?

DER MÄUSE-VORRAT

Mein erster Tag im Kindergarten!

...falls die nichts zum Spielen haben!

LESEMAUS-BASTELTIPP

ℹ️ Weil Max immer so tolle Ideen hat, wird es mit ihm nie langweilig. Ganz viel Spaß hat er, wenn er sich verkleidet und Indianer spielt.

BASTLE DIR DEINEN INDIANER-SCHMUCK

Dazu brauchst du Federn, Wellpappe und Gummiband.

1 Schneide aus der Wellpappe einen etwa 35 cm langen und 3 cm breiten Streifen aus. Achte darauf, dass die Wellen quer zur Breite verlaufen.

2 Stecke die Federn in einigen Abständen in die Löcher der Wellpappe.

3 Nun stanzt du in beide Enden des Streifens ein Loch, damit du ein Gummiband hindurchziehen kannst.

4 Zum Schluss knotest du das Gummiband auf deine Kopfgröße angepasst zusammen.

Fertig ist dein Indianer-Schmuck!

DEIN LESEMAUS-WUNSCHZETTEL

Mein Freund Max - Buchstaben schreiben

○ Wünsche ich mir

Max lernt die Uhrzeit

○ Wünsche ich mir

Mein Freund Max - Zahlen schreiben

○ Wünsche ich mir

Max fährt zu Oma und Opa

○ Wünsche ich mir

RÄTSELLÖSUNGEN:

❓ Es sind Taschenlampen.

Blitzmerker: Teddy, Affe, Bagger, Ente, Elefant, Puschen, Hase, Taschenlampe

LESE MAUS
Geschichten, die die Welt erklären

„Na, Jungs, habt ihr Lust auf ein kleines Wetthämmern?", fragt Opa.
„Dürfen wir echte Nägel in die Balken hämmern?", fragt Max.
„Na klar!", sagt Opa. „Da kann ich dann meine Zangen dran hängen."
Max nimmt sich einen großen Nagel. Er hält den Nagel fest. Er holt
mit dem Hammer aus. „Volle Kanne!", feuern Opa und Felix ihn an.
Max schlägt zu. Dummerweise haut er daneben und der Hammer landet
in der Wand. Und da bleibt er stecken!
„Au Backe", sagt Max. Der Hammer hat ein Loch in die Wand geschlagen.

„Was ist denn mit euch los?", fragt Oma, als Max, Felix und Opa
in die Küche schleichen. „Das war keine Absicht", sagt Max.
Vor lauter Aufregung hat er ganz vergessen zu sagen, was überhaupt
passiert ist. „Was habt ihr denn angestellt?", fragt Oma.

„Ich hab aus Versehen ein Loch in die Wand gehauen", sagt Max.
„Wir wollten Wetthämmern spielen", erklärt Opa.
Oma guckt wie ein Nilpferd, findet Max. Aber dann kommt sie mit
und guckt sich die Bescherung in der Werkstatt an.

„Mensch, hast du aber viel Kraft,
Max!", staunt Oma. Opa zieht
Max' Hammer aus der Wand.
„Kann man das reparieren?",
fragt Max. Opa nickt. „Aber ihr
müsst helfen!"

Oma rührt Fertigmörtel mit
Wasser zusammen. Den Mörtel
schmiert Opa mit einer Kelle in
das Loch. Max und Felix helfen
beim Glattstreichen.

„Ich weiß, was wir abreißen können", flüstert Opa Max und Felix zu.
„Das Hühnerhaus! Das fällt nämlich beim nächsten Sturm sowieso um."
„Dürfen wir echt?", fragt Felix. Opa nickt. „Aber nur, wenn ich
mitmachen darf!"

„Sind alle Hühner weg?", fragt Opa. Max guckt in das
morsche Hühnerhaus. Darin sitzt kein Huhn und es
liegt auch kein Ei mehr herum.
„Der Jüngste mit den Bärenkräften fängt an", sagt Opa.
Max holt mit seinem Hammer aus. „Volle Kanne!",
rufen Felix und Opa. Max haut ein schönes Loch in die Wand.
„Bravo!", ruft Opa. Dann darf auch Felix mal zuschlagen.
„Klasse!", sagt Opa.

Richtig zerlegt wird das Haus aber erst, als Opa
mit seinem dicken Vorschlaghammer zuschlägt.

„Und wo sollen jetzt die Hühner übernachten, ihr Spezialisten?",
fragt Oma, als sie den Krach im Garten hört.
„Vielleicht in der Werkstatt?", fragt Opa. Aber Max hat eine viel
bessere Idee: „Die können doch das Spielhaus von Mama haben!"

„Braucht ihr das denn nicht selbst?", fragt Oma. Max und Felix schütteln die Köpfe. „Aber das Dach ist nicht ganz dicht", sagt Oma. „Das können wir doch reparieren", schlägt Max vor.
„Da hämmern wir ein paar schöne Bretter drauf!", sagt Felix.

Als die Eltern von Max und Felix am Sonntag kommen, um ihre Jungs abzuholen, staunt Mama: „Mensch, habt ihr etwa mein altes Spielhaus renoviert?"
Das Dach ist dicht, die Fenster haben Gardinen und das ganze Spielhaus ist sogar frisch gestrichen. „Das sieht ja toll aus", sagt Papa. „Habt ihr darin übernachtet?"

Max und Felix schütteln die Köpfe. Und Opa und Oma grinsen, als Max sagt: „Felix und ich in einem rosa Haus? Niemals! Da lachen doch …"

„… die Hühner!"